gato

gato

conejo

coelho

perro

cão

pollito

pintainho

pato

pato

oveja

ovelha

cabra

cabra

cerdo

porco

burro

burro

caballo

cavalo

vaca

vaca

ratón

rato

murciélago

morcego

abeja

abelha

araña

aranha

zorro

raposa

ciervo

veado

ardilla

esquilo

erizo

porco-espinho

búho

coruja

rana

sapo

serpiente

cobra

mapache

guaxinim

loro

papagaio

tucán

tucano

caimán

jacaré

tortuga marina

tartaruga marinha

flamenco

flamingo

pingüino

pinguim

cangrejo

caranguejo

medusa

medusa

foca

foca

tiburón

tubarão

ballena

baleia

orca

orca

estrella de mar

estrela do mar

rinoceronte

rinoceronte

panda

panda

mono

macaco

león

leão

tigre

tigre

elefante

elefante